AF259944

L 43 6
32.9

LA GARANTIE.

LA GARANTIE.

Custode rerum Cesare, non furor
Civilis aut vis eximet otium
Non ira quæ procudit enses
Et miseras inimicat urbes.

Hor. Od. xiv, Liv. 4.

« Tant que César gouvernera la République,
« notre repos ne sera troublé ni par la fureur des
« factions, ni par la violence qui met les armes
« à la main et jette la discorde entre les villes ».

Dix ans de révolutions, de discorde et de malheurs avoient fatigué la République. Après avoir inutilement rêvé sur un état social qui ne convenoit qu'à la situation locale et morale d'Athènes, de Sparte et de Rome, on a reconnu qu'un peuple, vivant du travail du luxe, du commerce et des arts, ne pouvoit descendre tous les jours au *Forum*, et on s'est reposé dans un Gouvernement qu'il ne faut comparer à nul autre, comme la révolution qui l'avoit produit. Ce Gouvernement a fait tout le bien qu'on en pouvoit attendre : il a réformé les loix, réuni les factions, relevé la reli-

A

(2)

gion, et porté la gloire de la République au-
delà même de ses limites. Mais au faite de la
grandeur, la France étoit menacée : l'ambi-
tion étrangère, effrayée de nos destinées, a
réveillé les factions, appelé la discorde, payé
le crime, et semé l'inquiétude au milieu des
citoyens endormis dans la plus profonde sécurité.

Dans cet état des choses, on s'est demandé
avec effroi si la révolution alloit recommen-
cer. Chacun a tremblé pour l'avenir qu'on
croyoit assuré ; on a vu que la France étoit
pleine de force et de gloire, mais qu'un ins-
tant pouvoit renverser la fortune publique et
détruire la paix des citoyens.

Il est temps enfin de voir cesser cette incertitude et nos alarmes : osons réclamer,
pour les Français de toutes les classes et de
tous les partis, le repos qu'ils attendent pour
eux et la destinée qu'ils ont espérée pour la
Patrie. Ce n'est pas tout d'être arrivé au plus
haut point de prospérité où un état puisse at-
teindre, il faut en assurer la durée, et le problême de notre existence ne sera résolu que
lorsque nous aurons trouvé le point où doivent s'attacher ensemble et la gloire du présent et la sécurité de l'avenir.

J'émettrai franchement mon opinion : je

me suis prononcé durant la révolution ; à
Dieu ne plaise que je puisse être rejetté dans
le nombre de ceux qui ne savent prendre aucun parti dans les troubles politiques, et dont
l'irrésolution ou la pusillanimité prolonge les
maux, et autorise tous les crimes ! A Dieu ne
plaise que je sois de ces êtres froids, faux et
dangereux que Platon bannit de sa république ! J'ai pris une couleur ; j'ai une opinion
sur la nature du Gouvernement. Mais à l'é-
poque et dans les circonstances où nous som-
mes arrivés, comme je suis convaincu qu'une
seule mesure est utile au salut de tous, je ne
veux pas qu'on distingue quelle fut mon opinion ; elle est fondue dans l'utilité générale.

J'ai dit que la sécurité nous manquoit. Il
s'agit de trouver une garantie contre des
troubles nouveaux. J'appelle *garantie* l'assurance, pour chaque citoyen, de jouir pleinement de l'exercice de ses droits civils, de son
état, de ses facultés, de sa fortune. Pour ceux
que la révolution a maltraités, c'est de savoir
qu'elle ne leur nuira plus ; pour ceux qu'elle
a enrichis, qu'elle leur garantira la jouissance
paisible de leurs biens ; pour ceux qui ont besoin de la paix, du luxe et du commerce, l'assurance qu'ils ne seront plus troublés dans
leurs travaux et dans leur bonheur ; pour les

erreurs , pardon; pour les fautes , oubli; pour tous, protection et sécurité : Voilà le nœud plus difficile à délier que celui de *Gordium*.

Il n'y a point d'état plus pénible que l'incertitude. Les oscillations politiques sont la source de mille désordres dans la morale et dans la société. Dans la chaleur des émeutes populaires , c'est l'incertitude qui produit la terreur, et la terreur enfante tous les crimes. C'est cette instabilité qui glace d'effroi les citoyens devant une poignée d'assassins; c'est la crainte du lendemain, qui a permis les horreurs du 2 septembre. En descendant à des résultats moins affreux , on éprouve que le bonheur du présent n'existe point avec l'inquiétude de l'avenir..... Le négociant, incertain de savoir si l'opération qu'il veut commencer , si la longue expédition qu'il entreprend , ne sera point interrompue par un nouveau désastre, ne se livre point à de grandes affaires. Il ne spécule point avec les étrangers au profit de sa patrie; il ne fait qu'un vil agiotage , au préjudice de ses compatriotes; il n'ajoute rien à la balance de l'état. Le laboureur engraisse mal la terre : on ne plante point le chêne sur un terrein qui peut être couvert par des éruptions volcaniques. L'artisan ne voit point dans le citoyen qui l'emploie, ce qu'il appelle une *pratique habituelle* : comme il ne compte pas sur l'avenir, il abuse du présent ; il trompe une bonne fois , parce qu'il n'espère pas gâgner long-temps. Le particulier ne voit plus dans un travail de plusieurs années , le terme de sa vertueuse carrière : effrayé par son avenir, il le dévore; il ne veut plus que des moyens extraordinaires de s'enrichir : le brigandage est plus rapide que l'économie. Cette fureur descend dans toutes les classes , jusqu'au domestique , qui ne regarde plus la maison où il sert comme l'asyle de sa vieillesse. De-là plus d'économie dans la vie privée , dans les places. De-là point de véritable aisance , de morale , de jouissance pure , d'amour de la Patrie , de vraie liberté. La nécessité fait tout excuser , l'égoïsme flétrit toutes les actions; et l'homme le plus vertueux , embarrassé lui-même au milieu du désordre et de l'anarchie sociale, choqué par mille intérêts et mille opinions , paroît souvent le moins raisonnable , parce qu'il est toujours le plus dupe.

On a cru que ce mal tenoit particulièrement à la nature de notre révolution. On se trompe. La révolution a eu divers périodes , elle a élevé et abaissé tour-à-tour des partis opposés; je vois qu'elle a toujours donné les mêmes inquiétudes et les mêmes défiances. Les écrivains qui nous ont laissé l'histoire de la ligue, des troubles de l'Angleterre, et des révolutions, se plaignent tous des mêmes maux, qui tiennent à l'agitation de la société. Lorsque celle-ci cesse d'offrir à ses membres une sécurité parfaite, ils cessent de se croire obligés envers elle : on ne songe plus qu'à soi, lorsqu'on ne rencontre pas protection dans les autres; et le premier sentiment d'union se trouvant détruit, la dissolution suivroit bientôt cet état de choses, si quelque révolution heureuse dans le Gouvernement, ne replaçoit la société sur sa principale base : l'intérêt et la conservation de tous. — C'est l'incertitude, compagne inséparable des troubles civils, qui corrompt les Républiques. Tel est le spectacle qu'offre Athènes, après la guerre du Péloponèse, lorsque le peuple condamne à mort quiconque détournera, pour être employé à la guerre, l'argent destiné aux plaisirs du théâtre : telle est Rome dans les dissentions de Marius et de Sylla; telle est la France dans la guerre civile des deux religions.

« Hélas ! s'écrie Horace , nous avons à
» rougir et de nos crimes, et des blessures
» que nous avons reçues, en combattant contre

» nos frères! race infortunée, nous avons tout
» osé , nous n'avons rien respecté ».

Heu! cicatricum et sceleris pudet
Fratrumque. Quid nos dura refugimus
Ætas? Quid intactum nefasti
Liquimus?

C'est avec les mêmes couleurs que le sage
Montagne peint à-la-fois le danger des révolutions et leurs suites inévitables : « ez
» affaires publiques, il n'est aucun si maul-
» vais train, dit-il, pourveu qu'il aye de l'âge
» et de la constance, qui ne vaille mieulx que
» le changement et le remuement. Nos
» mœurs sont extremement corrompues, et
» penchent d'une merveilleuse inclination
» vers l'empirement...... Le pis que je trouve
» en nostre Etat, c'est l'instabilité.... Mons-
» trueuse guerre, s'écrie-t-il ailleurs, en
» parlant de la guerre civile, toute discipline
» la fuit; elle veult guarir la sédition, et en
» est pleine; veult chastier la desobeissance,
» et en monstre l'exemple........ En ces ma-
» ladies populaires, on peut distinguer sur
» le commencement les sains des malades;
» mais quand elles viennent à durer comme
» la nostre, tout le corps s'en sent. et la

» teste et les tâlons, aucune partie n'est
» exempte de la corruption. . . . . ,
» . . . . ».

Toutes les révolutions ont donc à-peu-près le même résultat pour la morale et la fortune des citoyens. Ce n'est qu'après une longue ou forte épreuve, que les partis composent ou s'éteignent, et que les citoyens désabusés, après s'être mille fois croisés et renversés en tous sens, se lassent enfin de courir après un but qu'ils n'atteindront jamais, et dont la possession même seroit encore mêlée de tant d'orages. Alors s'il se trouve un point d'appui, tout le monde y court ; c'est l'arche au milieu du déluge.

Quelques personnes trouveront peut-être nos plaintes intempestives, et nos comparaisons inutiles. Elles croient peut-être, qu'après quinze ans de désordre et de troubles, après que l'Europe entière a reconnu la République Française, après que la France a si solemnellement appuyé son Gouvernement, et que tous les Français ont fait une si triste épreuve des divisions civiles, il n'est plus temps d'en craindre le retour.

Oui, sans doute, avec le Héros protecteur, que le ciel accorde à la France, il semble qu'il ne manque rien à sa stabilité et à son repos. Mais a-t-il dans ses mains l'avenir, comme il gouverne le présent? Il a su réunir les intérêts opposés; il a pris la main des ennemis qui se sont embrassés; il a renfermé les élémens de la tempête; il les contient par sa main puissante, mais s'il la retiroit un moment, ils s'élanceroient encore sur la patrie; ils sont tous prêts peut-être à ramener la destruction, le brigandage et la mort.....

« *Circum claustra fremunt* ».

Entrons dans la société, nous n'y verrons personne content de son état, personne qui jouisse pleinement de ses droits, de ses propriétés, de sa réputation, de son existence; personne qui puisse fixer l'avenir avec sécurité.

Le *Royaliste* a, par-dessus les autres factions, l'avantage de savoir précisément ce qu'il veut. C'est cet avantage qui a mis plus de fixité dans son opinion et dans sa conduite apparente. Il a eu l'air d'être plus conséquent dans ses principes, parce qu'il n'a jamais pu composer avec les circonstances. Mais se promet-il un sort plus heureux et des jours plus tranquilles? C'est pour lui une assez belle satisfaction de voir la théorie, qu'il avoit blâmée, impraticable dans l'exécution; et son

orgueil sourit d'avoir, en quelque sorte, pré-
dit les malheurs du système qu'il détestoit
dans sa naissance. Il s'agit aujourd'hui de voir
quel est le remède possible, et d'en calculer
les suites ; il s'agit sur-tout de le rassurer
contre la haine du parti qu'il voit toujours
prêt à l'écraser ; de le rassurer contre la terreur de l'avenir, et l'instabilité de la protection
sous laquelle il respire.......... L'inquiétude le
dévore. Il ne peut espérer long-temps la même tranquillité. Quelques soient les illusions
dont il se berce, il ne peut se persuader que,
malgré tant d'intérêts qui s'y opposent, les
Bourbons se retrouvent, sans convulsions ni dé-
chiremens, replacés sur le trône. Son anxiété
est un supplice. Il ne sait ni ce qu'il est, ni
ce qu'il doit être, il n'a qu'une existence pro-
blêmatique. Incapable de se décider, il per-
pétue dans sa famille le même esprit d'oppo-
sition à l'ordre actuel, et d'inquiétude pour
l'avenir. Sa vie est comparable à la nuit
qu'un condamné passe après son arrêt de
mort, entre la crainte du supplice et l'espoir
de sa grâce.

Après les Royalistes, vient cette classe
qu'on peut appeler *les Indifférens;* masse
inerte, foule nombreuse, qui se traîne, sans
réfléchir, d'évènemens en évènemens ; qui

voit avec froideur, presque toujours avec
mécontentement, les partis se succéder;
gens qui ne jugent de l'administration publique que par leurs intérêts particuliers,
qui desirent sans avoir examiné, et dont la
stupide insouciance attend paisiblement tous
les gouvernemens qu'on voudra lui donner.
Il est difficile de les remuer, il faut presque
renoncer à les persuader. Quoique plus nom-
breux que les autres partis, ils sont toujours
subordonnés à celui qui triomphe; ils sont
comme le *lest* du vaisseau de la République.
Il est, pour ainsi dire, superflu de s'en oc-
cuper. Néanmoins, comme ils entrent pour
quelque chose dans l'économie politique;
comme la fortune de l'État a, sans qu'ils s'en
apperçoivent, une influence nécessaire sur
la leur, il n'est pas inutile de faire remarquer
qu'ils souffrent aussi de l'instabilité qui nous
désole.

Dans la civilisation moderne, l'agricul-
ture, le commerce et l'industrie se touchent
et se prêtent mutuellement la force et la
vie.... Tout ce qui attaque l'un, a une influence fâcheuse sur l'autre. Si la guerre fait
resserrer les capitaux, arrête l'industrie,
augmente les marchandises d'importation,
tout est paralysé; si le prix du blé tombe et

cesse d'être en rapport avec celui de la main-
d'œuvre ou des matières nécessaires à l'exploi-
tation, le propriétaire et l'agriculteur dé-
couragés, ne peuvent plus faire les sacrifices
que la culture exige, et le blé doit bientôt
augmenter par sa rareté, sans procurer plus
d'aisance au propriétaire. D'un autre côté,
dans un État où tant d'individus vivent du
superflu des autres, si la crainte de l'avenir
fait amasser ou resserrer les capitaux, que
deviendront les artisans, les artistes et les
manufacturiers? Que deviendront-ils encore
si cette même crainte empoisonne leurs
jouissances, et les empêche de donner à leur
industrie tous les développemens qu'elle devoit prendre? Telle est la situation de la plus
nombreuse classe de la société.

Il ne faut d'autre preuve de l'instabilité
d'un Etat que les changemens fréquens qu'on
voit faire aux hommes, dans leur manière
d'être et leurs moyens d'exister : c'est un malheur encore attaché à notre condition politique, et que tout le monde partage. Le père
de famille ne sait à quelle profession il doit
porter son fils; l'homme fait ne sait souvent
lui-même à quoi se destiner. De là vient
qu'il apprend beaucoup de choses, sans en
savoir aucune. De là vient que l'industrie,

quoiqu'excitée par les soins du Gouvernement, est poussée beaucoup moins loin qu'elle
ne le serait dans une situation plus constante.
Ce ne sont-là, pour ainsi dire, que des chefs-
d'idées, et quelques traits d'un tableau qui
pourroit être fort étendu; mais c'en est assez
pour faire voir au plus indifférent le danger
de notre position. Que seroit-ce s'il osoit entrer plus avant, et lever un coin du voile qui
nous cache les évènemens possibles?.... S'il
se rappeloit ce qu'il a craint ou souffert dans
l'anarchie révolutionnaire, ce qu'il peut re-
douter encore, si la pierre fondamentale de
notre édifice politique venoit à manquer? Une
erreur assez générale me semble prévaloir
dans la société, c'est que le retour de la terreur est impossible. Cette erreur caresse
l'indifférence, mais elle peut devenir funeste.
Les élémens ne sont que dispersés, malheur
à tous, si quelque hasard les rassemble! Le
tigre est endormi dans ses chaînes. Mais qu'il
se présente une occasion, qu'il se trouve un
brigand assez audacieux pour dire à l'indi-
gent : « On t'a promis, je te donne; on a
» parlé, j'agis. » Qu'il appelle au pillage, au
meurtre, et l'anarchie renaît encore plus
atroce, pour un an, pour un mois, pour un
jour..... soit; mais c'est assez pour faire

trembler la France, qui dort avec indifférence sur un volcan....

Il n'est pas besoin sans doute de parler ici de la situation encore équivoque des généraux et des officiers de l'Armée Française. Ils n'auront pas définitivement acquis le fruit de quinze années de victoires et de travaux, tant que l'état, auquel leur fortune et leur gloire sont attachées, ne sera pas irrévocablement établi. De quelques promesses qu'un gouvernement corrupteur où que les Bourbons aient pu bercer des hommes traîtres à leur patrie comme à leurs propres exploits, ces honteux bienfaits ne pourront tout au plus tomber que sur la tête de quelques chefs de complot et sur ceux que d'éminens services auroient rattachés à leur cause, La fortune des autres serviroit sans doute d'indemnités aux premiers défenseurs de l'autorité royale. . . . . , Dira-t-on qu'il faudroit bien une armée et des officiers au nouveau roi? Une armée, oui; mais on ne peut juger le prétendant assez aveugle sur ses intérêts, assez ingrat envers ceux, qui sont restés constamment attachés à ses drapeaux, pour leur préférer des hommes dont toute la gloire est de lui avoir arraché le sceptre, et qui ne sont connus que par ses défaites

ou ses affronts. Croit-on que les héritiers de
ces familles, ruinées par leur dévouement à celui qui monteroit sur le trône, seroient long-
temps privés des emplois, devenus leur seule
ressource et l'apanage exclusif de leur naissance? La politique exigeroit peut-être que ce
changement ne fût que progressif, mais il seroit inévitable : heureux encore si les défenseurs de la République n'éprouvoient pas
d'autres humiliations de l'insolence du parti
vainqueur........! D'un autre côté, les officiers
peuvent craindre le retour de l'anarchie militaire, si terrible dans ses mouvemens et si
funeste, je ne dis pas seulement à la hiérar-
chie, mais à l'honneur et à la gloire de l'Armée Française. Ainsi, de quelque côté qu'on
se tourne, on voit que l'instabilité est un état
insupportable pour les militaires.

Je ne devrois rien dire des patriotes, de
ceux qui ont marqué dans la révolution, de
ceux qui ont acquis des domaines nationaux,
de ceux qui ont prêché ou soutenu les principes de la liberté : tout le monde est d'accord sur le danger de leur position.

Après que dix ans de combats et de victoires n'ont pu faire perdre aux ennemis de
la Patrie l'espoir de la subjuguer ou de la
détruire ; après qu'un Gouvernement fondé
sur tant de gloire et de bienfaits, n'a pu ré-

duire les Bourbons à la résignation, décou-
rager leurs agens et faire cesser leurs ma-
nœuvres ; lorsqu'après avoir si solemnellement reconnu la République, le gouvernement anglais veut encore mettre son
existence en problême, les coopérateurs et
les partisans de la révolution peuvent-ils jouir
de leur ouvrage et compter sur sa solidité ?
Les acquéreurs de domaines nationaux n'ont
pas moins de raisons d'être inquiets. Les biens,
qu'ils ont achetés, ne leur sont pas définitivement acquis, tant qu'il y aura entre ces biens
et les biens patrimoniaux la plus légère diffé-
rence. Ils ne peuvent plus se persuader
qu'une contre-révolution leur laisseroit leurs
propriétés : le prétendant a pris soin de lever
tous leurs doutes à cet égard, dans sa corres-
pondance avec ses agens. Par-tout il montre
la volonté la plus ferme de rendre aux deux
ordres les biens, dont la révolution les a dé-
pouillés. Dans cette hypothèse, où chercher
des compensations ? sinon dans des proscriptions arbitraires, dont le nombre est effrayant,
si l'on songe à la multiplicité des ventes et
des reventes qui ont déjà eu lieu. Mais qu'ai-
je besoin de prouver aux militaires, aux patriotes, aux acquéreurs de domaines nationaux le danger de leur position et l'espoir de

leurs

(17)

leurs ennemis? Ils ont cherché successive-
ment une garantie dans la démocratie, dans
le gouvernement directorial et sous l'égide
consulaire. L'expérience a prouvé que le remède étoit encore insuffisant. La conspiration
vient de montrer que le sort de tout un peuple
restoit exposé aux atteintes du même coup de
poignard!.... La France entière ne tardera
pas à se prononcer : il est temps de fonder
inébranlablement le nouvel ordre de choses,
d'arrêter la roue de la révolution, de dissiper
l'inquiétude publique, et de détruire pour
jamais les espérances des ennemis de la
France.

Cherchons donc une garantie commune.
Si l'on n'eut écouté que la voix de la renommée, elle étoit trouvée depuis long-temps;
mais aujourd'hui tous les intérêts s'unissent à
la voix publique et au vœu de la postérité,
pour en proclamer la nécessité : cette garantie est dans BONAPARTE, de quelque titre
qu'on se plaise à le décorer : elle est dans
une loi *d'hérédité dans sa famille*, qui l'éta-
blisse aujourd'ui d'une manière déterminée,
et qui fonde pour l'avenir toutes les régles
de la succession à la première Magistature
de l'Etat.

Il faut le dire, quoiqu'il semble à ceux qui

B

ne jugent que par les mots, qu'il y ait ici contradiction, toute la République est là; c'est
là seulement qu'elle est irrévocablement cons-
tituée. Si l'on conçoit une autre manière
d'exister en République après Bonaparte,
qu'on la montre au peuple, il en a grand
besoin. Mais telle est la ressource des états
travaillés par des divisions intestines, plus les
troubles ont été longs et terribles, plus il y
a eu de partis et de crimes, d'intérêts froissés
et d'opinions combattues, plus le remède
est à-la-fois nécessaire et facile. Gardons-
nous de nous laisser éblouir, la défiance
publique est un indice plus certain que tous
les raisonnemens qu'on pourroit faire : il est
temps de fixer la clef de la voûte, si nous
voulons que nos enfans ne soient pas écrâsés
sous ses débris.

Aucun préjugé ne s'oppose à l'émission
franche et loyale de cette idée politique. Elle
est dans tous les cœurs, parce qu'elle est dans
l'intérêt de tous. Celui-là seul pouvoit régir
et sauver la République, qui, comme Guer-
rier, Législateur et Politique, avoit acquis
tous les genres de gloire; dont le nom seul en
imposoit aux Souverains du dehors et rallioit
tous les partis du dedans. Le même principe
qui avoit mis dans sa main tutelaire les rênes

du gouvernment , doit fixer irrévocablement sur son nom les destinées de la République, et opposer éternellement à ses ennemis le souvenir de son génie et l'exemple de son infatigable dévouement. Ceux qui ont été vus dans les rangs républicains, y trouveront et leurs intérêts et leurs principes. Ils ne peuvent pas craindre de rétrograder et de se contredire. S'ils retournoient en arrière, né trouveroient-ils pas qu'ils se sont contredits bien plus dangereusement, lorsqu'ils ont voulu passer de la monarchie constitutionelle à la république démocratique ? Soyons de bonne-foi, que vouloient-ils au commencement? un gouvernement fondé sur des principes libéraux, l'abolition des privilèges, la répartition égale des impôts, la réformation du code civil, l'uniformité des lois et la représentation nationale ! Voilà quel fût le vœu du peuple, le seul vrai, le seul général, le seul solemnellement exprimé. Voilà la République, voilà la chose de tous. C'est dans ce sens qu'il peut y avoir une République sous Charlemagne, et sous Trajan, et qu'il n'y en a point sous Marcel, sous les Seize, sous les Décemvirs, ni sous les Gracques. Voilà ce que vouloient et ce que veulent encore les vrais amis de la patrie, de la philo-

sophie, et de la liberté. Le reste a été l'ouvrage du hazard, le fruit des oppositions et
des haines..... Comme on a été entraîné par
le torrent des évènemens, on revient peu à
peu au point qu'on avoit dépassé malgré soi.
« Dans les révolutions, dit Condillac, il est
» peut être nécessaire d'avoir des enthou-
» siastes qui aillent au-delà du but, pour que
» les personnes sages et prudentes puissent
» y parvenir ». Il n'y a pas plus de contradiction à retourner sur ses pas, qu'à marcher
toujours en avant; et il y a moins de danger
de rentrer dans un chemin connu, que de
continuer sa route dans un pays perdu. De
tous les sermens faits après le 14 juillet, le
10 août, le 31 mai, l'an 4 et l'an 8, il n'en
est qu'un de sacré, c'est toujours le même,
celui de défendre l'indépendance et la vraie
liberté de la patrie. Le déplacement continuel
des personnes, entraînoit celui des choses.
Quiconque peut reprocher à son voisin de
s'être contredit, n'a pu être qu'un égoïste indifférent, inutile à la société. Il faut lui demander ce qu'il a fait pour elle.

La même nécessité, qui a fait varier les formes du noble serment de l'indépendance et
de l'égalité, pour en conserver le fonds, peut
donc aujourd'hui nécessiter une rédaction nou-

velle pour en affermir le principe. C'est moins un changement qu'une consolidation. Cette égalité politique, si conforme à la morale, à la religion, et au vœu des hommes éclairés; cette aptitude de tous à tous les emplois, à toutes les dignités de la société; ce droit naturel des talens et des vertus, sont sans cesse exposés, au milieu des factions, qui se précipiteroient l'une sur l'autre. Ils seroient toujours équivoques, tant qu'un changement de formes ou de personnes pourroit en faire espérer l'altération : cette égalité n'est pas stable, si elle n'a un protecteur, immuable par son élévation, au-dessus des passions et des intérêts de parti; perpétuel par l'ordre de la succession, et intéressé par le principe même de sa puissance à cette protection. Il faut que, n'ayant rien à espérer ou à craindre de chacun, il soit l'homme de tous, le père de la famille; en un mot, l'idée d'un protecteur de l'égalité, pris dans l'application même du principe; l'idée d'un protecteur de la révolution, pris dans la révolution même, me paroît être la solution la plus claire et la plus décisive, pour l'affermissement et la prospérité de la République.

Ainsi, les patriotes seront parvenus à compléter leur ouvrage. De tous les matériaux mis en œuvre pour élever un grand édifice, on n'emploie définitivement que la moindre partie, s'ensuit-il que le reste n'étoit point utile? C'est dans ce sens qu'il faut considérer la Constitution actuelle de la République ; c'est aussi dans ce sens que la révolution aura été vraiment utile, et que tous ceux qui y auront coopéré, pourront un jour s'en applaudir dans l'histoire. Mais s'ils s'en remettoient au hazard, ils finiroient sans doute par n'être plus que des révoltés, qu'un moment de triomphe n'auroit rendus que plus coupables.

Si j'en excepte ceux des royalistes, personnellement attachés à la maison de Bourbon, les autres et la masse des indifférens font entendre le même vœu : ceux - là croiront voir justifier leur système, ceux-ci verront leur fortune fixée. Les Bourbons n'ont eu long-temps une classe nombreuse pour eux, que parce qu'il n'a jamais été bien question de donner un gouvernement régulier à la France. Quelques hommes d'état avoient imaginé depuis long-temps qu'il falloit changer de dynastie, pour avoir une bonne monarchie. Tout le monde a entendu parler de la faction d'Orléans. Mais le chef de la famille n'étoit qu'un lâche scélérat. Les enfans n'ont su ni se créer un parti nouveau, ni faire secte à part, ni mériter le choix du peuple. Les d'Orléans n'ont eu pour eux que des factieux de cabinet. Il leur falloit de grandes actions, et ils ont cessé de faire un parti, lorsqu'ils ont été mendier la *protection* des Bourbons *protégés* par l'Angleterre. Disons-le d'ailleurs, le titre qui sembloit les rapprocher du trône, devoit les en écarter, pour jamais.......... Après des révolutions aussi terribles, il faut renouveller le gouvernement. L'Angleterre n'avoit pas offert de scènes aussi désastreuses, un spectacle aussi grand dans sa révolution que celui dont la France vient d'étonner le monde. Cependant que de haines, de proscriptions et d'inquiétudes dans tout le règne de Charles II! les divisions prirent encore un caractère plus sérieux sous son successeur. On reconnut enfin que l'Angleterre ne seroit tranquille, que lorsqu'on ne verroit plus sur le trône le chef d'un parti : le sceptre sortit de la main des *Stuarts*, et ce fut alors seulement que renaquirent le commerce, la confiance et la tranquillité.

Ce n'est pas dans un siècle éclairé comme le nôtre; ce n'est pas après que tant de faits illustres ont élevé le Chef du Gouvernement actuel au rang des plus grands hommes et ont déjà consacré son immortalité en don-

nant son nom à notre siècle ; ce n'est pas
après que tant de Potentats ont reçu de lui
leur couronne, qu'il faut demander d'autres
titres que la gloire militaire, le génie politique et le vœu si prononcé d'un grand peuple.
Quelle maison souveraine doit sa puissance
à des droits plus sacrés, et peut montrer une
source plus auguste ?

Il n'est pas de mon plan d'entrer dans la
discussion des lois fondamentales qu'il faudroit jeter, en donnant au Gouvernement
toute la stabilité qu'il doit avoir et au peuple
la liberté qu'il doit conserver. On ne peut pas
douter que Bonaparte ne laisse à sa race le
moyen de conserver le droit héréditaire qu'il
lui aura transmis, en le fondant sur la prospérité nationale, qui doit en dériver.

Je n'ai fait qu'exposer notre situation,
qu'émettre le premier un vœu, qui est dans le
cœur de la grande majorité des Français. J'ai
montré que cette mesure étoit dans l'intérêt
de tout le monde.

Bonaparte avec sa famille est le *moyen
terme* : c'est la première pique du faisceau.
Chacun croit gagner à son élévation, il est
l'ouvrage et la protection de tous. Il fait taire
toutes les craintes au-dedans ; je n'ai plus
qu'un mot à dire sur l'effet qu'il doit produire
au-dehors.

On a pu remarquer, dans le cours de la révolution, que les puissances étrangères avoient témoigné plus de confiance et de considération au Gouvernement Français, à mesure qu'il acquéroit, au-dedans, plus de poids, de consistance et de dignité. Cette considération s'accrut, lorsque le Héros qui avoit acquis tant de gloire, fondé des Etats, parut au gouvernail de la République. Son nom, déjà mis par la Renommée avant celui des rois, parut donner plus d'éclat à la magistrature suprême : l'honneur qu'on lui rendoit, rejaillit sur elle ; la crainte seule d'avoir traité d'égal à égal avec un Chef de Gouvernement, qui pouvoit rentrer dans les rangs des simples citoyens, pouvoit encore arrêter les Souverains. Leur considération fut moins équivoque, lorsque le Consulat à vie fut consacré par la voix publique : on n'a pas besoin d'en démontrer la cause, elle est dans le cœur humain. Aux yeux des rois, les Chefs du Gouvernement français n'avoient guères été jusques-là que comme des souverains d'un jour. La révolution elle-même leur paroissoit comme la fête des saturnales. La France avoit acquis un surcroît énorme de puissance; mais on regardoit cette grandeur comme la victoire d'un fou qui exagéroit ses forces. On espéroit toujours en triompher, parce qu'il y avoit dans l'intérieur même des moyens d'en venir à bout. Cette espérance a long-temps prolongé la guerre et nourri les discordes intérieures. C'est encore parce que l'Angleterre conserve cette espérance, qu'elle remet en avant les Bourbons, qu'elle avoit déjà joués si honteusement. Que la France donne un nouveau gage à la révolution, qu'elle ose fixer son Gouvernement, il prendra sa place entre ceux de l'Europe : il n'inspirera plus ni défiances secrètes, ni hauteurs déplacées, ni ménagemens pusillanimes. Il détruira les espérances de nos ennemis, il rassurera les esprits, et consolidera les fortunes.

Jusqu'ici, il ne faut pas le dissimuler, c'est par un développement extraordinaire de génie, de force et de courage que la France a tenu la place glorieuse, qu'elle occupe entre les Etats de l'Europe. Mais cette situation est en quelque sorte forcée, au milieu des obstacles qui s'opposent naturellement à son influence politique. En conservant les fruits de la révolution au dedans, il est nécessaire d'abjurer le système révolutionnaire au dehors. Il faut que les peuples aient entre eux des points d'union, pour qu'on doive compter

sûr leur concorde : la contradiction conti-
nuelle des principes entretient la défiance et
amène la discorde. Dans la civilisation actuelle de l'Europe, les peuples se trouvent,
en quelque sorte, liés par les mêmes devoirs
et par les mêmes principes. Leurs gouvernemens et leurs loix prennent peu à peu, sans
qu'ils s'en apperçoivent, la même teinte.
Ainsi la revolution française, si odieuse aux
Souverains, a pourtant amené, chez plusieurs
d'entre eux, des institutions libérales : ainsi
la France, en consacrant le fruit de dix ans
de gloire et de sacrifices, doit emprunter
quelque chose de la physionomie de ses voi-
sins. C'est cet accord, cette fusion réciproque
d'intérêts, de mœurs et de politique, qui
constitue ce qu'on appelle la Famille Euro-
péenne. C'est ce systeme, qui détruira les
espérances anti-sociales de l'Angleterre et
qui nous rendra la fixité des vieux gouvernemens, sans nous faire perdre les avantages
de la République.

C'est à vous, Sénateurs, qu'il est réservé
de devancer l'opinion publique, à vous char-
gés de garder les fruits de la révolution et
d'en garantir les bienfaits, bien plus que de
conserver de vaines formes. Faites cesser
pour jamais des guerres, qui ne sont soute-

nues que dans l'espérance de nous vaincre par nous-mêmes. Fondez au dehors la considération et le respect, dus à la République française; portez au dedans l'assurance et la protection. Sauvez toutes les classes, que vous avez réunies sous l'Egide consulaire : sauvez ces prélats vertueux, honorables par leur pauvreté, images vivantes de la primitive église, revenus à la voix de leurs fidèles; qui, ayant dévoué à l'oubli et leurs titres qui ne sont plus, et leurs biens qu'ils ont perdus, et l'espérance de les retrouver, peuvent encore être précipités, comme de vils intrus, du siège où ils prêchent la religion, la morale et la paix des peuples : sauvez des proscriptions ces hommes pusillanimes, qui ne savent s'ils doivent souhaiter la chûte de l'édifice, parce qu'ils ne prévoient pas qu'ils seroient écrasés sous ses débris; cette masse inerte, si intéressée, sans le savoir, à la stabilité des choses : sauvez sur-tout, Sénateurs, sauvez ceux qui sont autour de vous, vous mêmes; tous ceux dont les talens, les vertus, le courage ou l'opulence, sont l'ouvrage de la révolution; que ces titres de gloire ou de richesse, ne soient pas des titres de proscription et d'opprobre : sauvez en un mot tous les *intérêts nouveaux :* sauvez même ces

(29)

hommes qui seroient encore tentés de vendre un crime à nos ennemis, et ceux qu'ils peuvent entraîner ou corrompre ; affermissez votre ouvrage.... Rassurez la génération présente sur sa fortune et léguez à la postérité un héritage paisible, mais acheté par tant d'exploits, de malheurs et de gloire. C'est alors qu'on pourra vous appeler *Pères de la Patrie*; c'est alors seulement que nous crierons avec justice, ce que *Bonaparte* disoit au 18 Brumaire, sans doute par le sentiment intime de sa destinée : *la révolution est finie !*

Paris, le 14 Germinal an 12.

<hr>

A PARIS,

DE L'IMPRIMERIE DE CUSSAC,

Rue Croix des Petits-Champs, n°. 33.

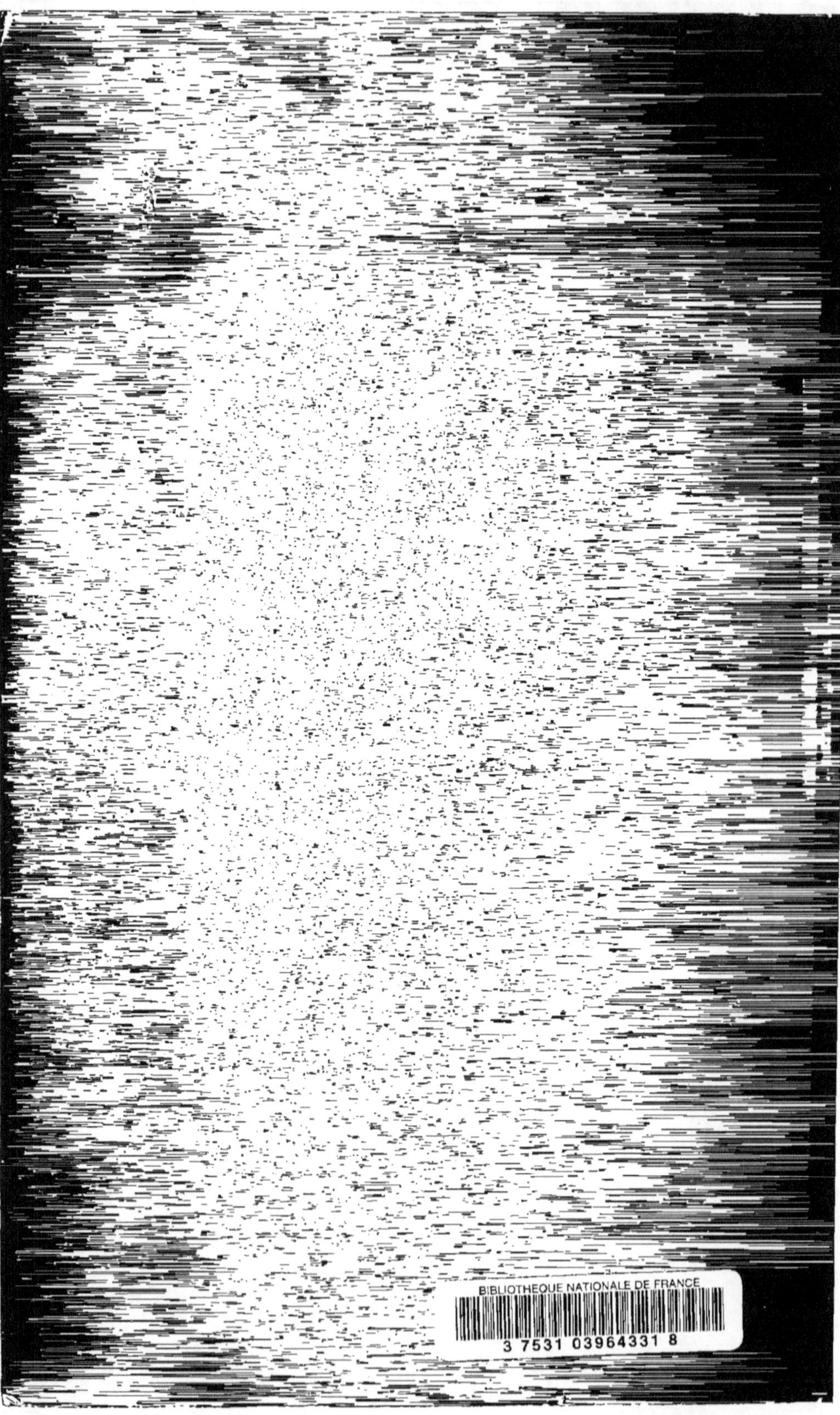

9 782013 373876